Anne Geddes

Für mein Kind

Collection Rolf Heyne

Für mein Kind

Für

Von

Datum

»Kinder sind nicht nur unsere HOFFNUNG für die Zukunft. Durch ihre Existenz SIND sie unsere Zukunft. Und dennoch betrachten wir sie zu oft als selbstverständlich, oder unterschätzen ihre Bedeutung. Wir müssen uns jetzt um unsere Kinder kümmern, sie jetzt erziehen, fördern und LIEBEN, müssen ihnen unsere Werte wie Harmonie, Liebe, Verständnis, Toleranz und die Würdigung anderer Kulturen JETZT beibringen. Denn es ist jetzt an der Zeit, die richtigen Grundlagen für ihre und unsere ZUKUNFT zu legen.«

Inhalt

Meine Geschichte

Alles über mich

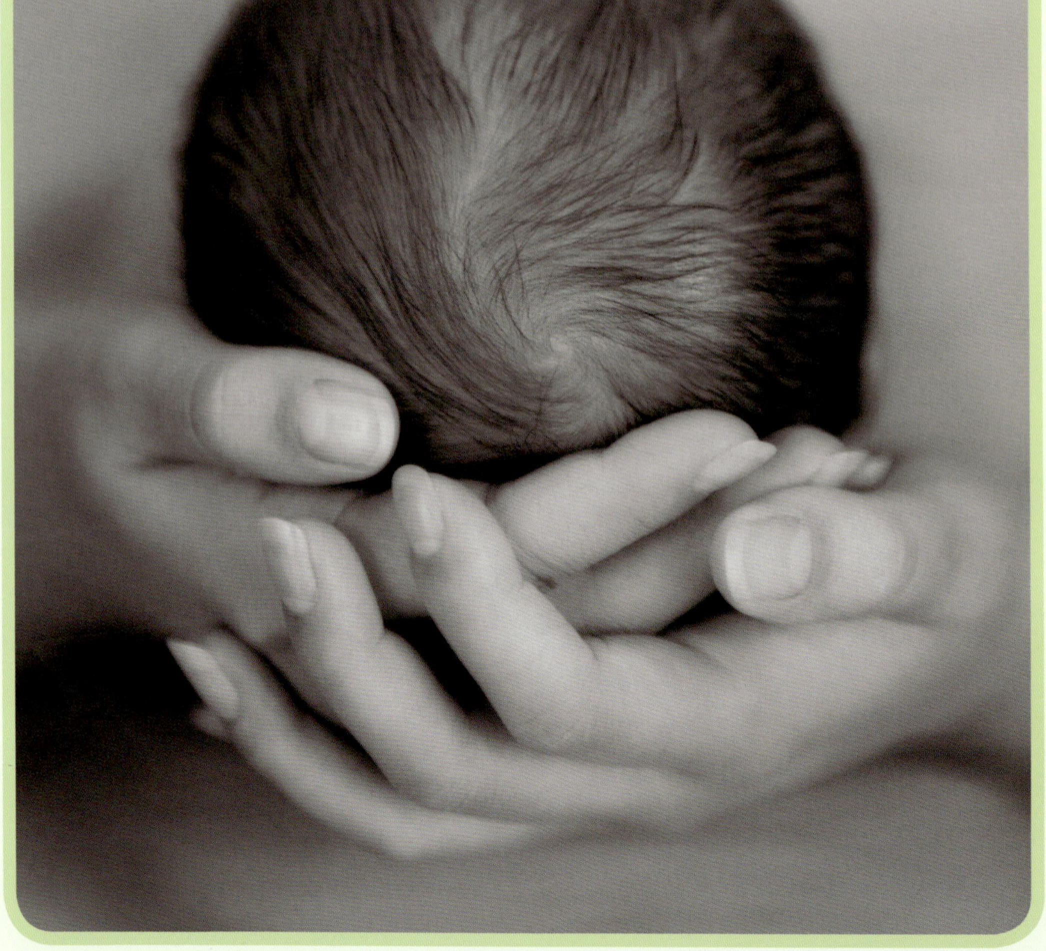

Inspiration

Dieses Kapitel ist Ihrer persönlichen Biografie gewidmet – hier können Sie Momente und Erinnerungen aus Ihrem Leben festhalten, und Ihre Geschichte mit der nächsten Generation teilen.

engste Freunde

Name

Wünsche & Träume

Ort & Datum der Geburt

wichtige Menschen in meinem Leben

Die Geschichte meiner Mutter

Stammbaum

Familiengeschichte

Menschen, die mich beeinflusst haben

Schule

meine Kindheit

Wie ich den Vater meines Kindes traf

Verlieben

Krankheit und Gesundheit

Vorlieben & Abneigungen

Die Geschichte meiner Großmutter

Glaube & Überzeugung

Leidenschaften

besondere Momente

Erfolge

Über mich

Mein Foto

Familiengeschichte

Meine Geschichte

Stammbaum

Name

Geburtsdatum

Großmutter

Name

Geburtsdatum

Großvater

Name

Geburtsdatum

Großmutter

Name

Geburtsdatum

Großvater

Name

Geburtsdatum

Mutter

Name

Geburtsdatum

Vater

Name

Geburtsdatum

Ich

Meine Kindheit

Erinnerungen

Erinnerungen

Fotos

Fotos

Erinnerungen

Meine Geschichte

Familie & Freunde

Fotos

»Tanzen Sie mit Ihren Kindern,
albern Sie mit ihnen herum,
machen Sie hin und wieder Fehler und
geben Sie diese auch zu.
Ihre Kinder werden Sie dafür lieben.«

{Anne Geddes}

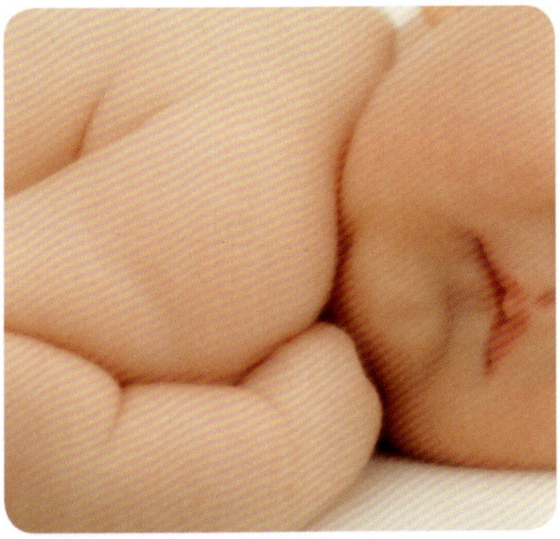

Vorbehaltlose Liebe

Erinnerungen an die Mutterschaft

Inspiration

Dieses Kapitel ist Ihrer Mutterschaft gewidmet – der Ankunft des neuen Babys, Erinnerungen und besonderen Momenten, die Sie im Gedächtnis behalten und teilen möchten.

- **Mein Baby:** Auf diesen Seiten können Sie Name, Geburtsdatum, Gewicht und erste Erinnerungen eintragen.
- **Meilensteine:** Dokumentieren Sie die Erfolge und entscheidenden Wendepunkte im Leben Ihres Kindes.
- **Besondere Momente:** Halten Sie die wertvollen Momente fest, die für Sie als Mutter eine besondere Bedeutung haben – das kann ein bestimmter Anlass sein, ein Familienurlaub, ein Lieblingsort oder einfach ein besonderer Augenblick, der für Sie das Wunder von Mutterschaft und Familie ausmacht.

Es gibt zusätzlich ein paar leere Seiten, die Sie mit weiteren Erinnerungen füllen können – hier einige Vorschläge zur Inspiration:

Aussprüche meines Kindes

Erinnerungen an den Muttertag

Wenn ich dich betrachte, sehe ich ...

meine Definition von Liebe

vorbehaltlose Liebe

meine schönsten Erinnerungen an dich

Ich habe die Liebe einer Mutter verstanden, als ...

meine Definition von Mutterschaft

Geburtstage und Ferien

was mir Familie bedeutet

Mein Baby

Fotos

Meilensteine

Meilensteine

Fotos

Besondere Momente

Fotos

Uhrzeit & Datum ____________________

Ort ____________________

Erinnerung ____________________

Besondere Momente

Fotos

Uhrzeit & Datum

Ort

Erinnerung

Besondere Momente

Fotos

Uhrzeit & Datum ______________________________

Ort ______________________________

Erinnerung ______________________________

Vorbehaltlose Liebe

Besondere Momente

Fotos

Uhrzeit & Datum

Ort

Erinnerung

Besondere Momente

Fotos

Uhrzeit & Datum

Ort

Erinnerung

Besondere Momente

Fotos

Uhrzeit & Datum

Ort

Erinnerung

Erinnerungen an die Mutterschaft

Erinnerungen an die Mutterschaft

Fotos

Fotos

Erinnerungen an die Mutterschaft

»Babys sind unsere Zukunft –
so rein, so vollkommen,
so unschuldig und so hoffnungsvoll.«

{Anne Geddes}

Perlen der Weisheit

Gedanken, die ich teilen möchte

Inspiration

Dieses Kapitel ist Ihren Gedanken und Erfahrungen gewidmet – Ratschlägen, Wünschen, Träumen und persönlicher Inspiration. Auf besonderen Seiten können Sie Ihrem Kind Briefe schreiben.

meine Wünsche & Träume für mein Kind

mein Rat für's Leben

meine Helden

berühmte Familienrezepte

Worte der Weisheit von meiner Mutter

Ich habe die Rolle einer Mutter verstanden, als ...

meine Inspiration (Buch – Film – Musik)

Ich vertraue dir, weil ...

unsere Familientraditionen

Gedanken, die ich teilen möchte

Gedanken, die ich teilen möchte

Fotos

Ein Brief an mein Kind

Datum

Ein Brief an mein Kind

Datum

Ein Brief an mein Kind

Datum

Fotos

Ein Brief an mein Kind

Datum

Meine Inspiration

Wünsche & Träume

Der Sinn des Lebens

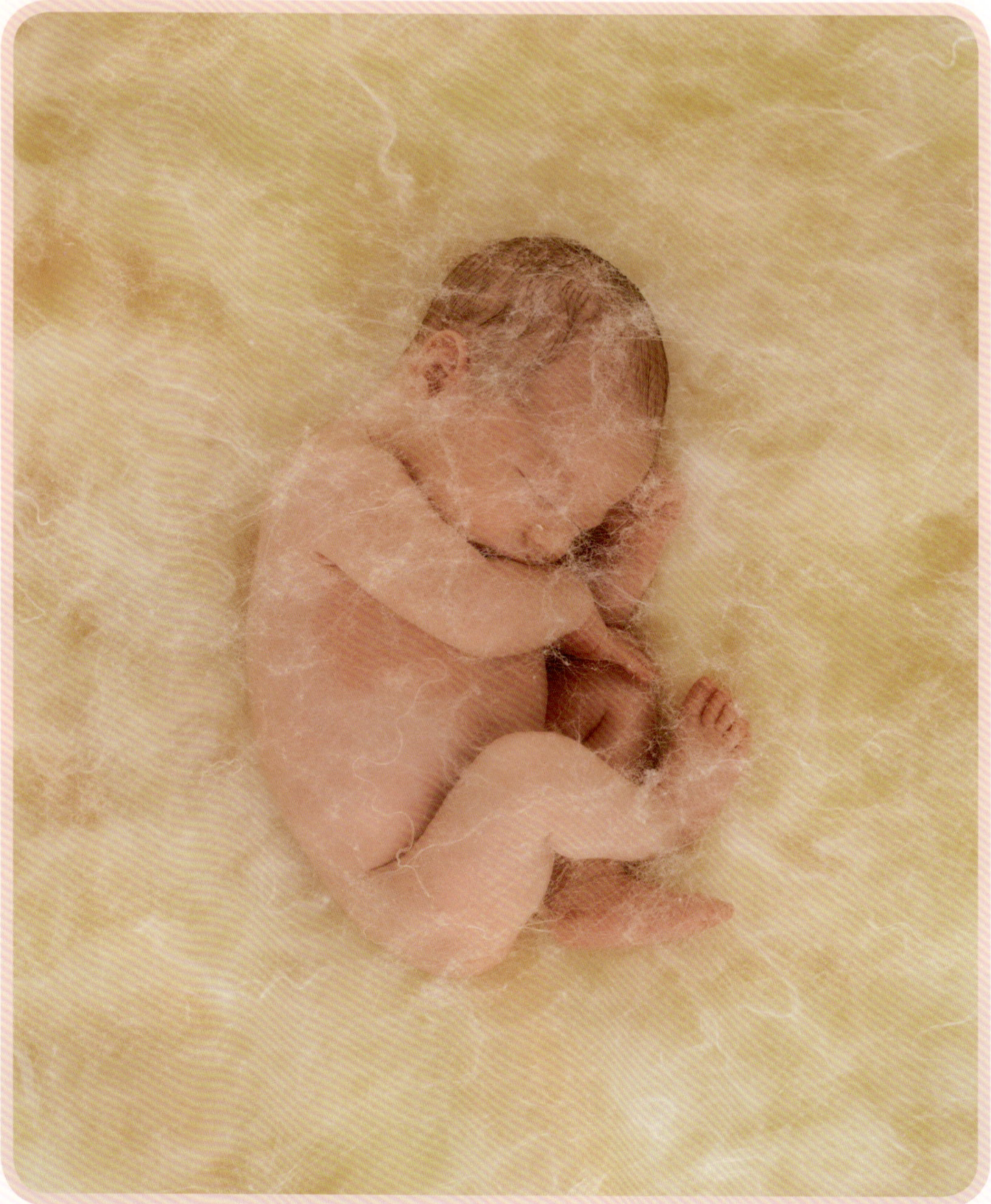

»Kinder sind Liebe,
die man sehen kann.«

{Amerikanisches Sprichwort}

Mein Vermächtnis

Mein Geschenk für dich

Inspiration

In diesem Kapitel können Sie Persönliches verewigen, das Sie mit Ihrem Kind teilen möchten, wenn Ihnen die Zeit dafür reif scheint.

was du mir bedeutest

meine Botschaft an mein Kind

Ich verrate dir ein Geheimnis

die wichtigsten Menschen

Dinge, die du niemals vergessen solltest

alle Antworten

Mutterschaft & Familie

Du bist meine Inspiration

Was ich dir schon immer sagen wollte ...

Ich liebe dich, weil ...

Meine Definition des Lebens

Du wirst immer mein Baby bleiben

Du bist etwas Besonderes

mein letzter Wille

meine Wünsche

Schlussgedanken

Ich verrate dir ein Geheimnis

Mein Geschenk an dich

Mein Geschenk an dich

Fotos

Was du mir bedeutest

Fotos

Ich möchte, dass du weißt

Ich möchte, dass du weißt

Letzte Dinge

Fotos

Schlussgedanken

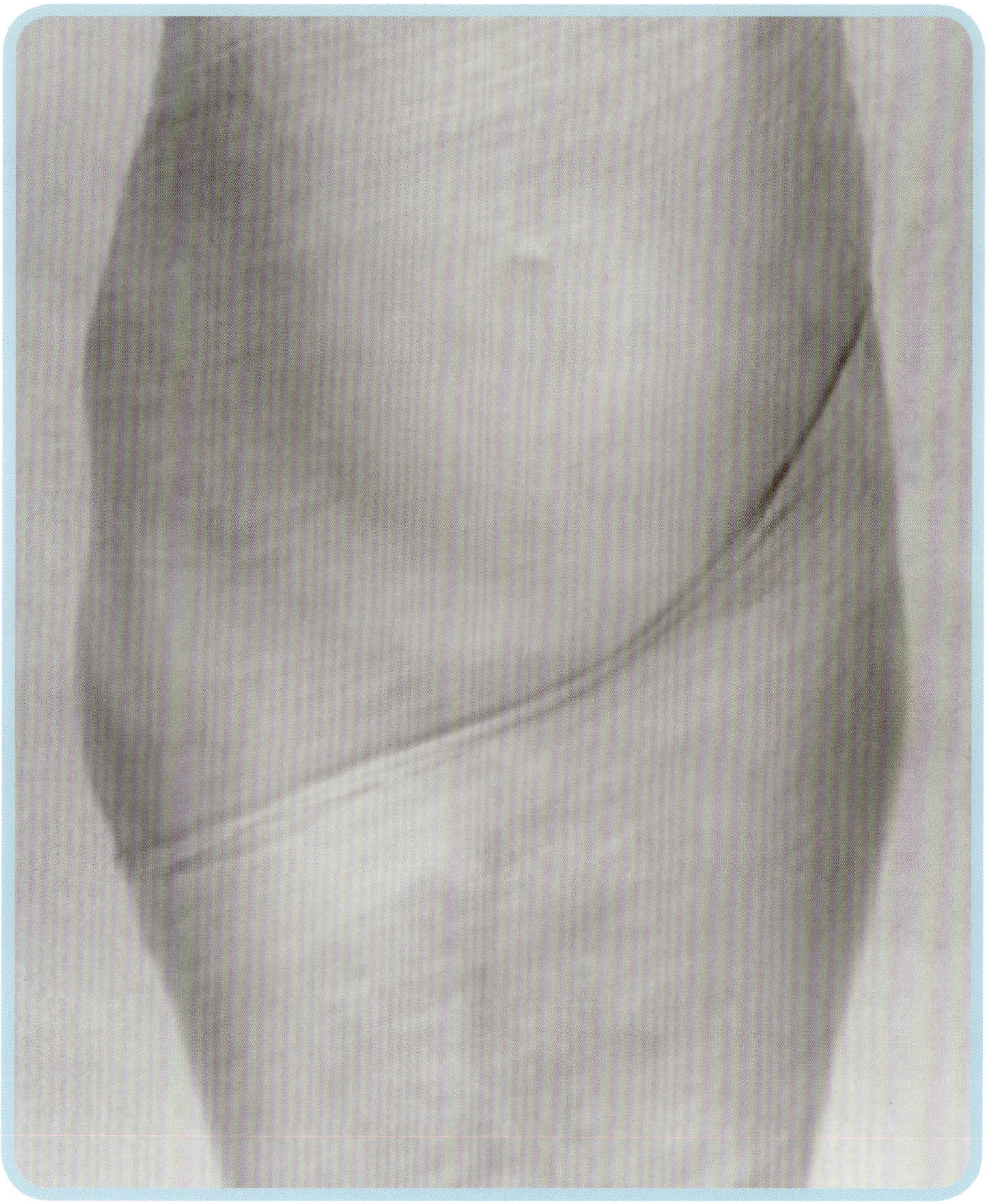

Wir sind eine Familie

Wichtige Menschen für uns

Wichtige Menschen für uns

In diesem Kapitel können Sie alle Freunde und Familienmitglieder auflisten, die in Ihrem und auch im Leben Ihrer Kinder wichtig sind und sein werden. Notieren Sie Adressen, Geburtsdaten, Sternzeichen, Hochzeitstage und Ihre Beziehung zu diesen Menschen ...

Großeltern

Taufpaten

Cousins & Cousinen

engste Freunde

Brüder & Schwestern

Vertrauter der Familie

Nichten & Neffen

Tanten & Onkel

Wichtige Menschen für uns

Name: ______________________________

Adresse: ______________________________

____

Telefon: ______________________________

E-Mail: ______________________________

Geburtstag: ______________________________

Jahrestage: ______________________________

Notizen: ______________________________

____

____

Name: ______________________________

Adresse: ______________________________

____

Telefon: ______________________________

E-Mail: ______________________________

Geburtstag: ______________________________

Jahrestage: ______________________________

Notizen: ______________________________

____

____

Name:

Adresse:

Telefon:

E-Mail:

Geburtstag:

Jahrestage:

Notizen:

Name:

Adresse:

Telefon:

E-Mail:

Geburtstag:

Jahrestage:

Notizen:

Wichtige Menschen für uns

Name:

Adresse:

Telefon:

E-Mail:

Geburtstag:

Jahrestage:

Notizen:

Name:

Adresse:

Telefon:

E-Mail:

Geburtstag:

Jahrestage:

Notizen:

Name:

Adresse:

Telefon:

E-Mail:

Geburtstag:

Jahrestage:

Notizen:

Name:

Adresse:

Telefon:

E-Mail:

Geburtstag:

Jahrestage:

Notizen:

Wichtige Menschen für uns

Name:

Adresse:

Telefon:

E-Mail:

Geburtstag:

Jahrestage:

Notizen:

Name:

Adresse:

Telefon:

E-Mail:

Geburtstag:

Jahrestage:

Notizen:

Name:

Adresse:

Telefon:

E-Mail:

Geburtstag:

Jahrestage:

Notizen:

Name:

Adresse:

Telefon:

E-Mail:

Geburtstag:

Jahrestage:

Notizen:

Wichtige Menschen für uns

Name:

Adresse:

Telefon:

E-Mail:

Geburtstag:

Jahrestage:

Notizen:

Name:

Adresse:

Telefon:

E-Mail:

Geburtstag:

Jahrestage:

Notizen:

Name:

Adresse:

Telefon:

E-Mail:

Geburtstag:

Jahrestage:

Notizen:

Name:

Adresse:

Telefon:

E-Mail:

Geburtstag:

Jahrestage:

Notizen:

Notizen

Fotos

Fotos

Notizen

Notizen

Fotos

»Die Familie
ist eines der
Meisterstücke
der Natur.«

{George Santayana (1863–1952)}

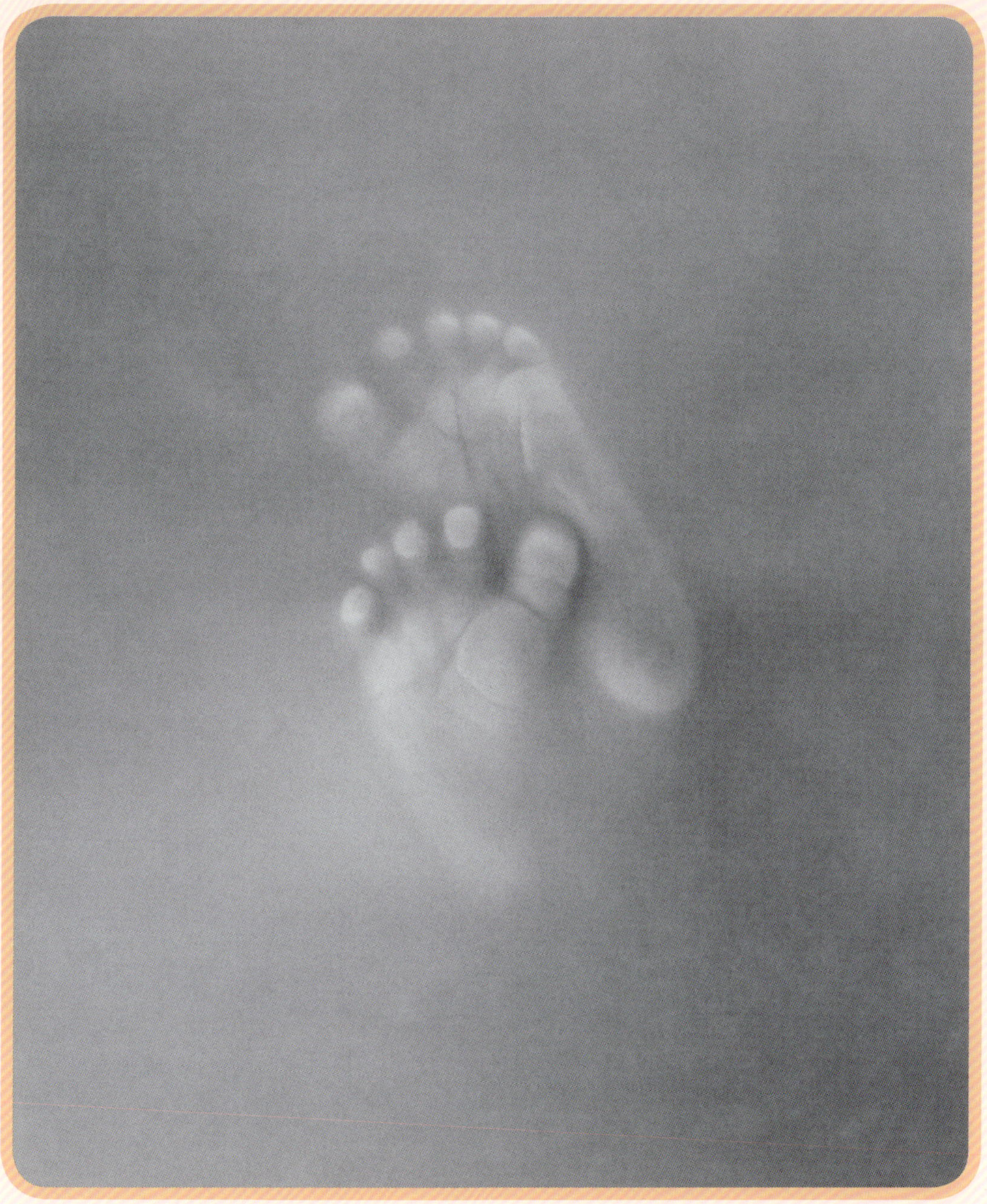

ANNE GEDDES®

www.annegeddes.com

Die Originalausgabe erschien 2009 unter dem Titel
MOTHERHOOD bei Anne Geddes Publishing, Neuseeland

1. Auflage 2009

www.collection-rolf-heyne.de

Design: Kirsten Bryce
Produktion: Kel Geddes
Druck und Bindung: 1010 Printing International Limited, Hong Kong
Printed in China

ISBN: 978-3-89910-442-4